BEI GRIN MACHT SICH IHR WISSEN BEZAHLT

- Wir veröffentlichen Ihre Hausarbeit, Bachelor- und Masterarbeit

- Ihr eigenes eBook und Buch - weltweit in allen wichtigen Shops

- Verdienen Sie an jedem Verkauf

Jetzt bei www.GRIN.com hochladen und kostenlos publizieren

Lisa Balihar

Vampire - der dunkle Mythos

GRIN Verlag

Bibliografische Information der Deutschen Nationalbibliothek:

Die Deutsche Bibliothek verzeichnet diese Publikation in der Deutschen National-
bibliografie; detaillierte bibliografische Daten sind im Internet über http://dnb.d-
nb.de/ abrufbar.

Impressum:

Copyright © 2010 GRIN Verlag GmbH
Druck und Bindung: Books on Demand GmbH, Norderstedt Germany
ISBN: 978-3-640-74045-1

Dieses Buch bei GRIN:

http://www.grin.com/de/e-book/159993/vampire-der-dunkle-mythos

GRIN - Your knowledge has value

Der GRIN Verlag publiziert seit 1998 wissenschaftliche Arbeiten von Studenten, Hochschullehrern und anderen Akademikern als eBook und gedrucktes Buch. Die Verlagswebsite www.grin.com ist die ideale Plattform zur Veröffentlichung von Hausarbeiten, Abschlussarbeiten, wissenschaftlichen Aufsätzen, Dissertationen und Fachbüchern.

Besuchen Sie uns im Internet:

http://www.grin.com/

http://www.facebook.com/grincom

http://www.twitter.com/grin_com

Humboldt-Universität zu Berlin
Philosophische Fakultät III
Institut für Kulturwissenschaft
Wintersemester 2009/10
GK: Untot – Unsterblichkeit als Wunschvorstellung und Schrecken

Referatsausarbeitung

- Vampire – der dunkle Mythos -

Kulturwissenschaft
3. Fachsemester

Elisabeth Balihar

Berlin, 11.3.2010

Inhaltsverzeichnis

1. Einleitung

Vampire, Fledermäuse und blutsaugende Untote, seit Menschengedenken versetzen sie die Völker verschiedenster Kulturen in Angst und Schrecken. Seit ca. 200 Jahren beginnen auch Lyriker, Literaten und Filmemacher sich diesen Mythos zu Eigen zu machen. So ist das seltsame Produkt zu einer beliebten und vielschichtigen Figur der Unterhaltungsindustrie geworden und das Interesse an immer neu inszenierten Geschichten um den Vampir steigt stetig auch in heutiger Zeit. Aber woher kommt dieses Phänomen, was in jedem von uns ein ganz bestimmtes Bild hervor ruft? Kann die Figur und ihr erstes Erscheinen verortet werden und glauben Menschen wirklich an den Mythos? Diesen Fragen versuche ich in meiner Ausarbeitung neben anderen Punkten auf den Grund zu gehen.

Das Thema „Vampirismus" stellt sich, wie ich bei der Ausarbeitung zum Referat feststellen musste, äußert komplex und verzweigt dar, wenn man die historischen, volkskundigen, psychologischen, medizinischen sowie biologischen Aspekte betrachtet und sich nicht nur auf eine effekt- und sensationsbezogene Darstellung des Mythos Vampir widmet.

2. Definition

Der Begriff Vampir, der laut Brockhaus[1] serbokroatischen Ursprungs ist, bezeichnet nach südslawischem, rumänischem und griechischen Volksglaube Verstorbene, die nachts ihrem Grab entsteigen, um Lebenden das Blut auszusaugen, zum lebendigen Erhalt ihrer untoten Existenz. In Meyers Konversationslexikon von 1888-1889 befinden sich zu einer ähnlich lautenden Definition auch einige „Vorsichtsmaßregeln und Gegenmittel" um den Vampir zu vertreiben.[2] Weitere deutsche Bezeichnungen für den blutsaugenden Wiedergänger sind ‚Gier', ‚Gierhals', ‚Begierig', ‚Unbegier'.[3]

In Osteuropa war er zunächst unter anderen Namen z.B. ‚upyr', ‚vepir' bekannt. Bald bürgerte sich der Begriff des Vampirs in Europa ein und gelangte zurück zu den Slaven, wo er wahrscheinlich die alten, dort ansässigen Begriffe für diese Gestalt verdrängte.[4]

---

[1] Brockhaus Enzeklopedie in 20 Bänden. Wiesbaden 1966-1981. Bd. 19, S. 364; diese Def. ist auch im Duden Herkunftswörterbuch zu finden; vgl. u.a. Handwörterbuch des deutschen Aberglaubens. Hrsg. v. H. Bächtold-Stäubli. Berlin [1927-1942]. Bd.6, S. 815ff; Wörterbuch der Mythologie. Hrsg. v. H. W. Haussig. Stuttgart 1965ff. Bd. II, S. 199ff.
[2] Meyers Konversationslexikon, 1888-1889, Bd. 16 S. 45; http://www.retrobibliothek.de/retrobib/seite.html?id=116128.
[3] vgl. Handbuch des deutschen Aberglaubens [1927-1942], Bd. 6, S. 816.
[4] vgl. Wörterbuch der Mythologie [1965], Bd. II, S. 199.

Der Begriff wurde später auch zur Bezeichnung der blutsaugenden Vampirfledermaus verwendet, sowie auf den malaysischen blutsaugenden Vampirfalter angewandt. „Im heutigen allgemeinen Sprachgebrauch kann das Wort auf jede Form von parasitärer und raubtierhafter Existenz hinweisen, gleichgültig ob damit ein widernatürlich weiterlebender Untoter gemeint ist oder ein äußerst diesseitiges und vitales Ausbeuternaturell".[5]

3. Herkunft

Von Beginn der Überlieferung an, haben Menschen auf der ganzen Welt an Fabelwesen oder Mythengestalten geglaubt, also auch an Vampire, auch wenn der Begriff dafür etwas anders war und nicht alle Eigenschaften übereinstimmten. Der Vampir beruht hauptsächlich auf Vorstellungen im osteuropäischen Volksglauben.[6] Es existieren aber auch Legenden in Afrika, Wesen in der nordischen Mythologie, bei den Griechen, Römern und Kelten. Im antiken Griechenland existierten beispielsweise die weiblichen blutsaugenden Schreckgespenster, die als Lamia bekannt waren.[7]

Mexiko, China, Indien, Malaysia - verfolgt man die Legenden und Sagen jener Länder zurück, so reichen diese bis ins alte Assyrien und Babylonien zurück, wobei das Trinken von Blut immer zur Gestalt des Vampirs dazu gehörte. Sie saugen den Lebenden die Energie bzw. das Blut ab oder übertragen tödliche Krankheiten, wie die Pest oder Cholera. Dabei spielte es keine Rolle ob weiblich, männlich, schön, hässlich, die vampirische Existenz ist ein Jäger nach dem vermeintlich Elementarsten, was eine Mensch zu geben hat, sein Blut, Träger seines Lebens.[8]

Im 18. Jahrhundert erlebt der Vampirmythos seinen geschichtlichen Höhepunkt. Dafür ist das Aufeinanderstoßen von diversen Ereignissen und Erlebnissen dieser Zeit ebenso wichtig, wie der bis dato vorherrschende Aberglauben. Die Angst vor Vampiren schließt sich damit nahtlos an die Hexenverfolgung an. Im Aberglauben wird oft zwischen Hexen und Vampiren eine Brücke geschlagen. Sie besagt, dass Hexen zu Lebzeiten einen Pakt mit dem Teufel geschlossen haben, ihre Belohnung ist dann die Erhabenheit über den Tod, sprich eine Wiederauferstehung als Vampir.[9]

Die Verstärkung des irrationalen Glaubens an übernatürliche Wesen liegt mitunter im vorherrschenden Zeitalter der Aufklärung begründet. Durch die stattfindende Rationalisierung

---

[5] Borrmann, S. 13.
[6] ausführlich ebd., S. 51.
[7] ausführlich ebd., S. 42ff.; Pütz S. 15.
[8] vgl. ebd., S. 193ff.
[9] nach Ferdinand von Schertz: Abhandlung „Magia posthuma" von 1706.

wurden die Traditionen immer mehr in den Hintergrund gedrängt, alles sollte sich anhand von Naturgesetzten erklären lassen und die Vernunft wurde Grundlage der Wissenschaft. Jedoch konnten auch die Wissenschaftler der Aufklärung nicht alle Geheimnisse der Natur entschlüsseln und bezogen sich zum Teil wieder auf philosophische und theologische Thesen ihrer Zeit.

Das einfache Volk verwendete die Vampirgestalt für negative Geschehnisse in ihrem Umfeld. Wo auch immer etwas schlechtes passierte – seien es Krankheiten, Seuchen oder eine schlechte Ernte – so fand man im Volk schnell im Untoten einen passenden Schuldigen. Der Aspekt eines gemeinsamen übernatürlichen Feindes stärkte so die Gemeinschaft und spendete Trost und Hoffnung.

Das im Laufe der Geschichte vereinheitlichte Konzept des Vampirs bildete sich im frühneuzeitlichen Mitteleuropa und dem Balkangebiet heraus. Nach einigen obskuren Hinweisen aus dem Mittelalter, begannen sich im 17. Jahrhundert die Berichte über die Wesen des Schreckens zu vermehren. Das die Verbreitung des Vampirglaubens gerade im Balkangebiet so schnell von statten ging, hatte seine Ursache vorrangig in den jahrhundertlangen kriegerischen Auseinandersetzungen zwischen Habsburgern und Muslimen. Aber auch die verschiedenen kulturellen Gestalten des Vampirs trafen hier aufeinander.[10] „Von Regionen, in denen die Pest wütete, ist bezeugt, dass das Volk nicht selten über die Friedhöfe stürmte, die Gräber aufriss und die Leichen [bei Tageslicht] pfählte, weil [sie] Vampire als Ursache der Seuche [fürchteten]."[11] Auf Grund der vielen Berichte und Vorkommnisse in diesen Gebiet brachte die öffentliche Meinung Europas in erster Linie Ungarn mit den Vampirismus in Verbindung.

Nach Meurer sind vier Strömungen die sich im 18. Jahrhundert herausgebildet haben wichtig für die Entwicklung des Vampirismus.[12]

1. Zum einen sind es die Mediziner, die mit ihrer zu damaliger Zeit eher rationellen Denkweise vor großen Rätseln in Bezug zu den viel diskutierten Vampirberichten standen.

2. Religiöse Polemiker oder Dogmatiker des Christlichen Glaubens, die mühsam versuchten ihre Dogmen durch eine gewisse Distanz zum Aberglauben des Volkes zu retten. Denn die Auferstehung Christi musste von der Auferstehung gewöhnlicher Toten abgegrenzt werden um nicht in einen Glaubenskonflikt zu geraten. Der Vampirglauben stellte eine blasphemische Umkehrung ihrer christlichen Werte dar und war eine ernsthafte Herausforderung. Man wendete starke Kritik an um das heilige Modell, auf dem sie beruhten zu schützen. Man kann

---

[10] vgl. Borrmann, S. 51.
[11] ebd., S. 50.
[12] vgl. Meurer, S. 28f.

ihre versuche auch als Kampf der Kirche gegen die abergläubischen Vorstellungen der leichtgläubigen und Unwissenden bezeichnen. Ziel war es, die grundlegenden Glaubensvorstellungen innerhalb des Christentums zu bewahren.

3. Zum anderen gab es noch die Sarkastischen und rationalistischen Kritiker der Aufklärung, wie beispielsweise Voltaire mit seiner Attacke auf den christlichen Glauben an Wunder und die Auferstehung. „Die wahren Sauger wohnen nicht auf Friedhöfen, sondern in wesentlich angenehmeren Palästen. [...] Die wirklichen Vampire sind die Mönche, die auf Kosten der Könige und des Volkes essen."[13] Der Vampirismus wurde zum Streitpunkt der philosophischen, medizinischen und religiösen Debatten und führt uns so zur vierten Strömung.

4. Die Wiederbelebung des Okkulten im 18. Jahrhundert stieg stetig, gefördert durch den Sensationswert der Vampirmythen und die etlichen Berichte von Vampirismus zu dieser Zeit. „Aus alledem können wir ersehen, daß die Mythologie des Vampyrismus die Menschheit jener Zeit in mehrfacher Hinsicht faszinierte und ihnen eine neue Möglichkeit bot, ein Ventil für drängende Probleme zu finden, ihrer Neugierde zu frönen und ihre Phantasie auszutoben."[14]

Der Vampirglaube untergrub, gerade in der ersten Hälfte des 18. Jahrhunderts die Popularität des Hexenglaubens, stellte gleichzeitig ein alternatives Erklärungssystem für bestehende Probleme im Bereich der Magie und der unerklärbaren Krankheitsbilder und Epidemien dar und bot immensen Raum für spektakuläre Phantasien jeglicher Art.

4. Die historische Figur Vlad III (Tepes) Dracula

Kein anderer Platz auf der Welt wird so mit Vampiren in Bezug gebracht wie Transsilvanien. Das Gebiet erlangte seine Berühmtheit einerseits durch Bram Stokers fiktiven Roman Dracula und den Charakter der Hauptperson, zu dessen Heimat Stoker Transsilvanien machte, andererseits war es die Geburtsstätte des realen Vlad Tepes, der dort gelebt haben soll. Transsilvanien gilt als größtes Gebiet Zentralrumäniens und ist auf drei Seiten von den Karpaten begrenzt. Einer der bekannteren Orte ist dort Sighisoara oder deutsch Schäßburg in Siebenbürgen, indem das Geburtshaus des Fürsten Vlad Dracul, dem Vater von Vlad Tepes stehen soll, allerdings gibt es dafür keinerlei Belege. Das Haus, in dem sein Vater für kurze

---

[13] ebd. zit, nach Sturm/Völker: Von denen Vampiren oder Menschensaugern, S. 483, 489.
[14] Meurer zit. nach Klaniczay: Heilige, Hexen und Vampire, S. 90.

Zeit gelebt haben soll, wie rumänische Reiseführer behaupten, ist erst nach dem großen Stadtbrand im Jahre 1676 gebaut worden. Man geht aufgrund des beruflichen Werdegangs des Vaters eher davon aus, dass er in Nürnberg als zweiter Sohn des Fürsten Vlad II im Jahre 1431 geboren wurde. Sein Vater war zu dieser Zeit Mitglied im Drachenorden, einer Vereinigung zur Bekämpfung der türkischen Ungläubigen. Den Beinamen Darcul, zu Deutsch Drache, nimmt Vlad der II nach seiner Ernennung zum Ritter an. Sein Sohn Vlad III tut es ihm gleich und nennt sich fortan Daculea, der kleine Drache, was im rumänischen sowohl Drache als auch Teufel heißen kann.[15]

1456 wird Vlad III gekürt und Herrscher über die Walachei und angrenzender Gebiete. Er war ein typischer Herrscher seiner Epoche, jedoch werden seine grausamen taten bis heute als *vampirisch* eingestuft. Unter anderem weil er: angeblich das Blut seiner Opfer trank, seine Leiche bis heute nicht gefunden wurde bzw. nicht eindeutig identifizierbar ist, er Menschen brutal umbrachte z.B. durch Pfählen und er als Einzelgänger fast ohne jegliche Unterstützung herrschte. Das Pfählen hatte er als Geisel in türkischer Gefangenschafft kennengelernt. Es wurde häufig bei Feinden und Kriminellen angewendet und er übernahm es zur Abschreckung und Eingrenzung von Straftaten in seinem Herrschaftsgebiet.[16] Vlad Tepes wurde 1476/1477 in Tirgoviste entweder von den Türken erschlagen, oder hinterrücks ermordet.

Sein Grab im Inselkloster des rumänischen Ortes Snagov wurde 1931 geöffnet und tatsächlich fand man dort keine sterblichen Überreste des Fürsten. Einige Jahre später brachten neue Untersuchungen eine andere Grabstätte zu Tage, die ein Skelett beherbergte, das mit fürstlichen Würdenzeichen bestattet worden war. Es stellte sich die Frage, welches das wirkliche Grab von Vlad III. war. Allerdings bezweifelt man bis heute ob es sich überhaupt um die richtigen Grabstätten handelt. In Rumänien wurden mittlerweile viele Orte zu Touristenattraktionen gemacht, die wenig mit dem früheren Herrscher Vlad III zu tun haben, wie auch sein angebliches Geburtshaus.[17]

5. Die Metamorphose zum Vampir und Bestattungsrituale

Wie wird man zum Vampir? Dazu gibt es etliche Annahmen und Bemerkungen in der Vampirliteratur, ebenso vielfältig sind die Maßnahmen zur Abwehr und Rituale der Bekämpfung. Im Allgemeinen sind gefährdete Personen, Menschen die Todsünden begangen haben, Hexen oder rothaarige Frauen, unehelich Geborene, Selbstmörder, der siebente Sohn

---

[15] ebd., S. 81.
[16] ausführlich Meurer, S. 79ff.
[17] ebd., S. 81.

oder das Opfer eines ungerächten Mordes bzw. zu früh Verstorbene.[18] Aber auch wer sich als Christ zum Islam bekehrte, exkommuniziert wurde oder die Sterbesakramente nicht empfangen hatte, war der Gefahr und der Beobachtung ausgesetzt, im Nachhinein als Vampir zu gelten.[19] Unklar war jedoch, ob man am Vampirbiss sterben und begraben werden musste, oder ob dazu mehrere Schritte notwendig waren. Diese Vermutungen schwanken je nach Literaturvorgabe und werden in Film wie Literatur unterschiedlich ausgelegt.[20]

Vampire sind also unreine und rachsüchtige Wesen. Dem christlichen Glauben zufolge erhält man diese Unreinheit und den Fluch als Vampir wiederzukehren durch Bestattung auf unheiligem Boden oder Bestattungen die nicht den christlichen Riten folgen.

Als wohl oft praktizierte und auch durch Ausgrabungen belegbare Methode muss die Leichenversteinerung genannt werden. Das Plazieren von teilweise sehr großen Steinen auf Kopf, Brust, Beinen oder anderen Körperteilen lässt schnell eine Wiedergänger- bzw. Vampirbestattung vermuten. So konnte man auch in einem Spiegelartikel lesen, dass „Kopf und Brust der Toten […] mit Steinen beschwert [waren], damit sie nicht mehr aus dem Grab aufstehen und den Lebenden schaden konnten."[21] Wenn dies nicht reichte um sich Sicher zu sein, „wurde der Kopf regelrecht eingekeilt – oder gleich vom Körper getrennt."[22]

Des Weiteren gab es die Nagelung, entweder durch die Kleidung der Toten oder in extremen Fällen durch Hände und oder Füße. Weniger grausam sind die Münzbeigaben anzusehen. Die Münze sollte dem Toten als Obulus zur Fahrt ins Jenseits dienen und ihn besänftigen. Das begraben in Bauchlage sollte verhindern, dass die Seele des Toten nicht an die Oberfläche gelangen konnte.[23]

6. Vampirismus aus medizinischer Sicht

Aus medizinischer Sicht gibt es einige Anhaltspunkte zur Erklärung des aufkommenden Vampirismus gerade im 18. Jahrhundert in Europa. In den letzten Jahren wurden von verschiedenen Wissenschaftlern Hypothesen aufgestellt, dass unter der Bevölkerung grassierende Seuchen, aber auch Erbkrankheiten, zu denen ich später etwas schreiben werde, als Ursprung für den Vampirmythos gelten können.

---

[18] Borrmann, S. 109.
[19] vgl. ebd., S. 109f.
[20] ebd., S. 110.
[21] Spiegel-online 2009: Angelika Franz: Grab-Analysen : Wie Archäologen Vampire jagen.
[22] ebd.
[23] ausführlich dazu Pohanka, Reinhard: Lebendig begraben – Ein Skelettfund aus dem Chor der Minoritenkirche in Wien : Opfer der Medizin, Übeltäter oder Wiedergänger?
http://www.vampyrbibliothek.de/vampire/uebeltaeter-oder-wiedergaenger.pdf.

Nach alten Berichten wüteten in den Jahren 1720 bis 1725 sowie um 1732 im österreichisch-serbischen Grenzraum und in Nachbargebieten schreckliche Epidemien. Die Bevölkerung schrieb deren Auftreten Verstorbenen zu, die nachts wiederkehrten um sich zu rächen und den Lebenden die Energie auszusaugen. Als man zur Überprüfung die Gräber von Epidemieopfern öffnete, fand man die Körper in vermeintlich guten Zustand. Sie hatten rosige Haut, wohl genährte Bäuche, Blut quoll aus dem Mund, aus Nase und Augen. Beim Pfählen im Nachhinein, gaben die Verstorbenen seufzende und schmatzende Töne von sich.[24]

Damals sah man dies als Beleg dafür an, dass sie nicht vollkommen Tod sein konnten, heute weiß man jedoch, dass diese Phänomene auf die Verwesungsprozesse im Köper zurückzuführen sind, die in den ersten Wochen nach der Bestattung auftreten können. Dabei treten bei der Pfählung Faulgase aus dem aufgedunsenen Körper aus. Weiterhin stellte man aufgrund der Symptome fest, dass damals wohl eher Milzbranderreger bzw. Tollwuterreger für die Seuchen verantwortlich gewesen sein werden, ebenso wie Cholera- und Pestepidemien. Auch der eng bewohnte Wohnraum trug zur Übertragung von kleinsten Krankheitserregern bei und konnte so in manchen Fällen zur Ausrottung vieler Familienmitgliedern oder ganzen Familien führen.

Aber auch Zahnfehlstellungen, Stoffwechselkrankheiten wie die Porphyrie[25] oder auch Blutkrankheiten, wie eine Blutanämie[26] konnten dem Aberglauben nach die Vermutung aufstellen, es mit einem Vampir zu tun zu haben. Aber auch Wahnvorstellungen wie die Lykanthrophie und die Hämatophilie, beide beinhalten das Verlangen nach Blut zur Luststeigerung, sind Krankheitsbilder die mit dem Vampirphänomen in Verbindung gebracht wurden.

7. Fazit

Speziell in den Medien aber auch in der Werbung kann man das Vampirmotiv immer wieder finden. Kinofilme wie Twilight und Serien wie Buffy und viele mehr zeigen eine immer wiederkehrende Konjunktur und Aktualität des Themas auf. In der Werbung sei nur auf die Firma *Müller-Milch* verwiesen, die ihr *Blutorangengetränk* mit Hilfe eines Vampirs anpreist.

---

[24] vgl. Borrmann, S. 52, 103ff.
[25] erblich bedingte Stoffwechselkrankheit des Blutes, äußert sich in Überempfindlichkeit gegenüber Sonnenlicht, Rotfärbung der Zähne, hervortreten der Zähne, Blasse und fahle Haut.
[26] kann Müdigkeit hervorrufen, Gelbfärbung der Haut und extreme Blässe.

An dem Vampirmythos lässt sich gut abbilden wozu Mythen und Aberglaube auf einem Ballungsgebiet fähig sind. Hinzu kamen Krankheiten, Unsicherheit und Unwissenheit auch auf Seiten der Mediziner.

Spannend zu beobachten finde ich, dass sich dieses Motiv über Jahrhunderte halten kann und derzeit, zwar nicht in abergläubischer Form, jedoch in hoher Nachfrage und Aktualität vorhanden ist, sei es im Film, in Buchform oder in Form der derzeit dutzenden Serien mit schaurig ungewöhnlichen Geschichten, mal gut und mal besser inszeniert.

8. Literatur:

Borrmann, Norbert: Vampirismus oder die Sehnsucht nach der Unsterblichkeit. Kreuzlingen/München : Hugendubel, 1999

Meurer, Hans: Der dunkle Mythos - Blut, Sex und Tod : Die Faszination des Volksglaubens an Vampire. Schliengen : Ed. Argus, 1996

Pohanka, Reinhard: Lebendig begraben – Ein Skelettfund aus dem Chor der Minoritenkirche in Wien : Opfer der Medizin, Übeltäter oder Wiedergänder?
URL: http://www.vampyrbibliothek.de/vampire/uebeltaeter-oder-wiedergaenger.pdf

Schertz, Ferdinand von: Magia posthuma, 1706